글 김명희

이화여자대학교 국어국문학과를 졸업했고, 한때 KBS 아나운서로 일했습니다. 2000년 동아일보 신춘문예 동화 부문에 당선되면서 글을 쓰기 시작한 뒤 지금까지 어린이들을 위한 따뜻하고 아름다운 이야기를 짓고 있습니다. 지은 책으로는 《하회탈 쓰고 덩실》, 《영자 아줌마네 양장점》, 《동물원이 된 궁궐》, 《우리 집은 비밀 놀이터》, 《안성맞춤》, 《심봤다》, 《돌잔치》, 《유니콘과 소녀》, 《힘돌 : 아홉 가지 나만의 놀라운 힘》, 《나는 네 수호천사야》와 일본에서 출간된 《나베시키》 등이 있습니다.

그림 백대승

대학에서 만화예술학을 공부했고, 다양한 애니메이션과 어린이를 위한 그림책을 그리고 있습니다.
극장용 애니메이션 〈왕후 심청〉의 감독과 아트 디렉터로 일하기도 했습니다. 지금까지 그린 책으로는 《서찰을 전하는 아이》, 《하얀 눈썹 호랑이》, 《검고 소리》, 《신라에서 온 아이》, 《꿈꾸는 극장의 비밀》, 《맨발의 탐라 공주》, 《반딧불이》 등이 있습니다.

감수 신병주

서울대학교 국사학과를 졸업하고 같은 대학원에서 석사학위와 박사학위를 받았습니다. 조선 시대 역사와 문화를 전공했습니다.
서울대학교 규장각 학예연구사를 거쳐 현재 건국대학교 사학과 교수로 재직 중입니다. KBS 1TV에서 〈역사저널 그날〉을, KBS 1라디오에서 〈글로벌 한국사 그날 세계는〉을 진행했으며, JTBC 〈차이나는 클라스〉 '왕과 아들', '전염병' 편 등에 출연한 바 있습니다. 현재 KBS 1라디오에서 〈신병주의 역사여행〉을 진행하고 있으며, 조선시대사학회 회장, 한국문화재재단 이사로 활동하고 있습니다. 2018년 국가공무원 인재개발원 최고 베스트 강사상, 2020년 건국대학교 베스트 티처상을 받았습니다.
지은 책으로는 《왕으로 산다는 것》, 《참모로 산다는 것》, 《신병주 교수의 조선 산책》, 《조선을 움직인 사건들》, 《조선평전》, 《책으로 읽는 조선의 역사》 등이 있습니다.

우리들의 광장 : 광장으로 보는 대한민국 근현대사 김명희 글 · 백대승 그림 · 신병주 감수

1판 1쇄 펴낸날 2020년 10월 25일 | **펴낸이** 이충호 | **펴낸곳** 길벗어린이㈜ | **등록번호** 제10-1227호 | **등록일자** 1995년 11월 6일
주소 04000 서울시 마포구 월드컵북로 45 에스디타워비엔씨 2F | **대표전화** 02-6353-3700 | **팩스** 02-6353-3702 | **홈페이지** www.gilbutkid.co.kr
편집 송지현 최은영 임하나 이현성 | **디자인** 김연수 송윤정 | **마케팅** 호종민 김서연 황혜민 강경선 | **총무·제작** 임희영 최유리 정현미 윤희영
ISBN 978-89-5582-579-4 77910

이 도서의 국립중앙도서관 출판예정도서목록(CIP)은 서지정보유통지원시스템 홈페이지(http://seoji.nl.go.kr)와 국가자료공동목록시스템(http://www.nl.go.kr/kolisnet)에서 이용하실 수 있습니다.(CIP제어번호: CIP2020040064)

우리들의 광장

광장으로 보는 대한민국 근현대사

김명희 글 • 백대승 그림 • 신병주 감수(건국대학교 사학과 교수)

길벗어린이

고종 황제가
대한 제국을 선포했어요.

1897년 10월, 대안문 앞 광장(훗날 서울 광장)

이른 새벽, 고종 황제가 탄 장엄한 어가 행렬이 대안문* 앞 광장을 지나 황궁과 마주 보는 자리에 위치한 환구단으로 향했어요. 고종 황제는 환구단에서 하늘에 제사를 올렸어요. 그리고 '대한 제국'을 선포하고 황제 즉위식을 거행했어요. 백성들은 "만세, 만세, 만만세!"를 외치며, 대한 제국의 탄생을 기뻐했어요.

* 대한문의 원래 이름은 대안문. 1906년 4월 고종의 명으로 수리되면서 대한문으로 이름이 바뀜.

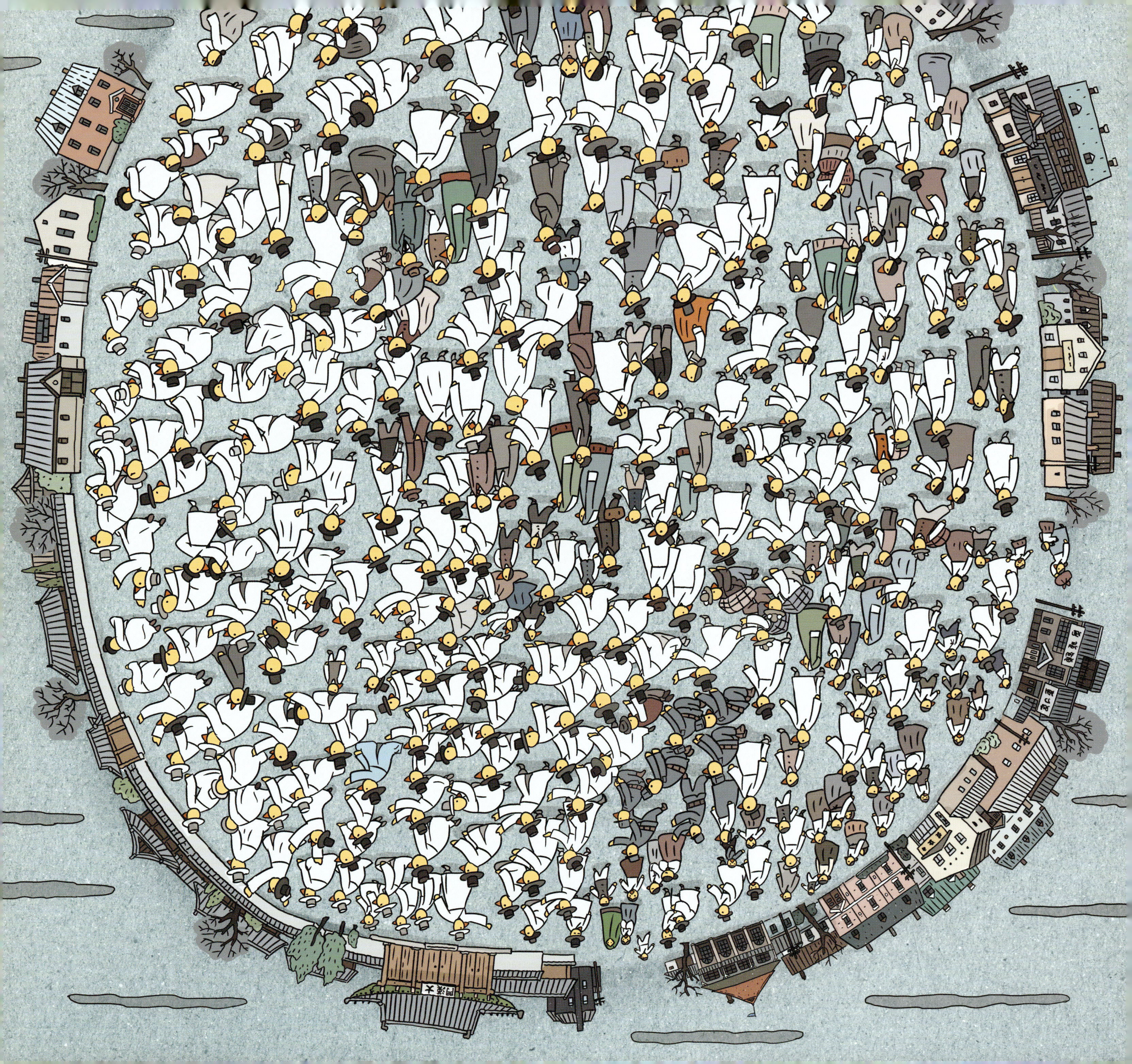

고종 황제가 돌아가셨어요.
백성들은 슬픔에 빠졌어요.

1919년 1~3월, 대한문 앞 광장(훗날 서울 광장)

1919년 1월 21일, 고종 황제가 갑자기 세상을 떠났어요.
백성들은 울분을 토하고 통곡하며 그의 죽음을 애도했어요.
고종 황제의 국장이 예정되어 있던 3월 3일에 맞춰 전국 각지에서
흰옷을 입은 백성들이 덕수궁 대한문 앞 광장으로 모여들었어요.
백성들은 엎드려 눈물을 흘리며 곡을 했어요.

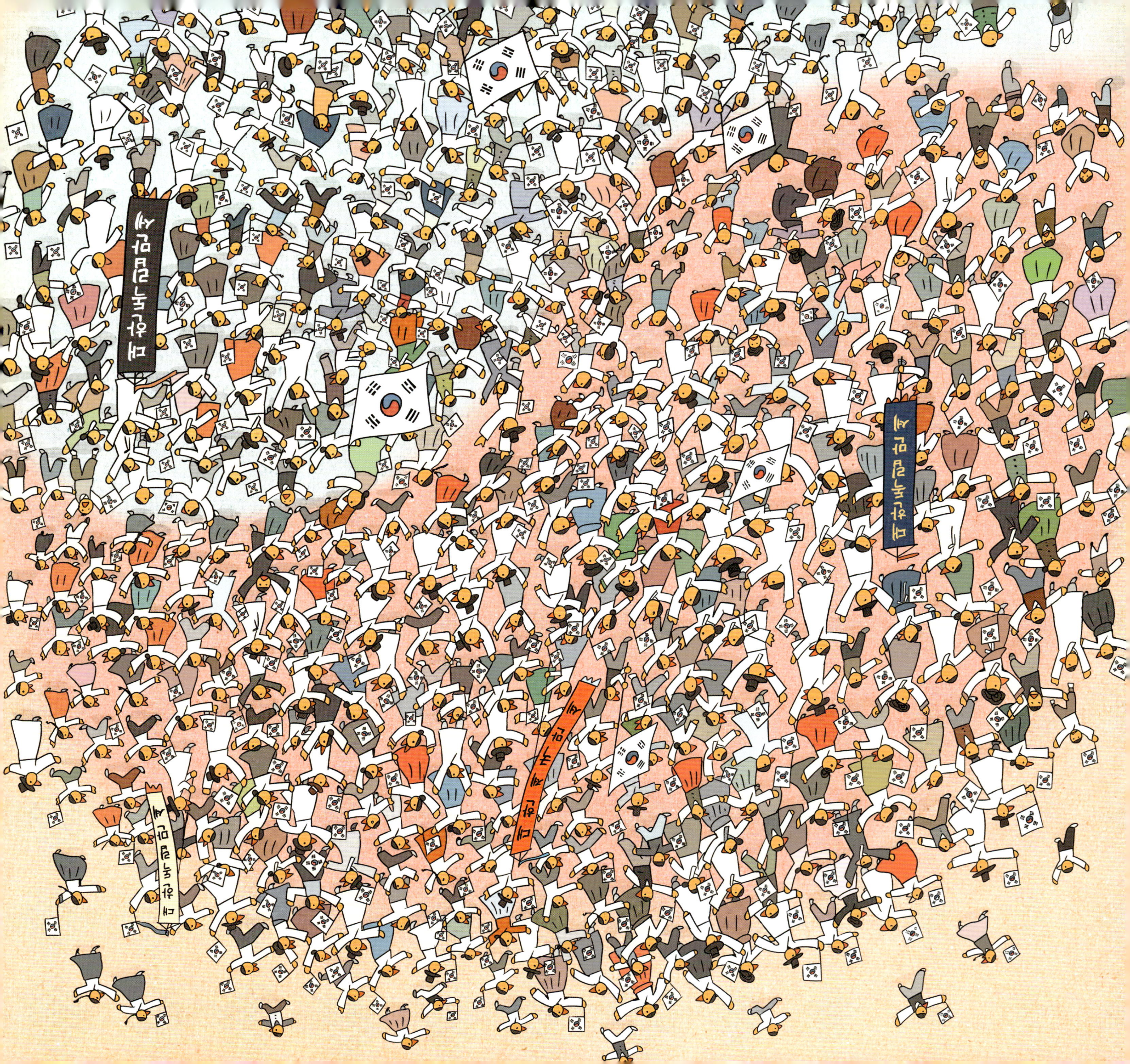
대한독립만세
대한독립만세
대한독립만세
대한독립만세

조국 독립을 염원하며
광장을 수놓은 태극기 물결

1919년 3월, 대한문 앞 광장(훗날 서울 광장)

고종 황제의 죽음은 3·1 운동이 일어나는 계기가 되었어요. 일제의 폭압적인 식민지 지배에 분노한 백성들이 구름같이 모여 손에 손에 태극기를 흔들며 "대한 독립 만세!"를 외쳤어요. 피 끓는 '독립 만세' 소리는 하늘을 찌를 듯했어요. 3·1 운동은 일제의 만행을 폭로하고, 한국인의 독립 의지를 보여 준 민족 운동이었어요.

대한독립 만세
대한독립만세
대한독립 만세
대한독립

나라를 되찾은 날,
광장은 축제 분위기였어요.

1945년 8월, 조선 총독부 앞 광장(훗날 광화문 광장)
1948년 8월, 중앙청(구 조선 총독부) 앞 광장(훗날 광화문 광장)

1945년 8월 15일, 일본은 무조건적 항복을 선언했어요. 조선은 35년 만에 광복을 맞았어요. 백성들이 태극기를 흔들며 광장으로 달려 나왔어요. 서로 얼싸안고 기쁨의 눈물을 흘리며 광복을 환호했어요. 3년 후, 중앙청에서는 대한민국 정부 수립 선포식이 열렸어요. 백성들은 축하 시가행진을 벌이고, 시내 곳곳에는 해방 3주년을 기념하는 축하 기념물이 세워졌어요.

314
315

전쟁이 일어났고,
빼앗긴 서울을 되찾았어요.

1950년 6월 25일, 한국 전쟁이 일어났어요. 전쟁이 시작되고 사흘 만에 서울이 북한군에게 점령당했어요. 이후 9월 28일, 한국군과 유엔군이 서울을 되찾았어요. 이를 기념하기 위해 중앙청 앞에서는 태극기 게양식이 있었어요. 국민들은 감격 어린 눈으로 힘차게 펄럭이는 태극기를 바라봤어요.

1950년 9월, 중앙청 앞 광장(훗날 광화문 광장)

이승만은 하야하라
부정선거 이승만
민주주의를 살려내자!
민주주의 도살 원흉 색출하라!
민주주의 수호
대한민국
이승만은 하야하라
부정선거 몰아내어 민주정의 바로잡자!
민주 역적 이승만 몰아 내자!
부모 형제에게 총 부리를 겨누지 마라
민주주의를 수호하자!
이승만은 물러나라
독재타도
민주역적 이승만은 하야하라!
민주 정치 바로 잡자
민주주의 수호!
이승만은 즉각 하야하라!
공명선거

"민주주의를 수호하라!"
완전한 민주주의를 꿈꾸며…

이승만 대통령의 독재 정치가 계속되자, 학생과 시민이 중심이 되어 '이승만 하야'와 '독재 정권 타도'를 외치며, 민주주의 수호를 위해 플래카드를 들고 시위를 벌였어요. 이것이 바로 4·19 혁명이에요. 국민들은 무력을 앞세운 정권의 탄압에도 굽히지 않고 더욱 치열하게 투쟁했고, 결국 이승만은 12년 만에 대통령직에서 물러났어요.

1960년 4월, 시청 앞 광장(훗날 서울 광장)

광장을 빼앗기고,
자유도 빼앗겼어요.

1961년 5월, 시청 앞 광장(훗날 서울 광장)

장갑차들을 앞세운 군인들이 광장으로 진입했어요.
군인들은 광장을 장악하고, 사람들의 통행을 금지했어요.
장갑차가 대한문 앞을 가로막았어요.
군인들은 기관총으로 무장했어요. 민주당이 무너지고,
이후 군인들이 정치에 참여했어요.

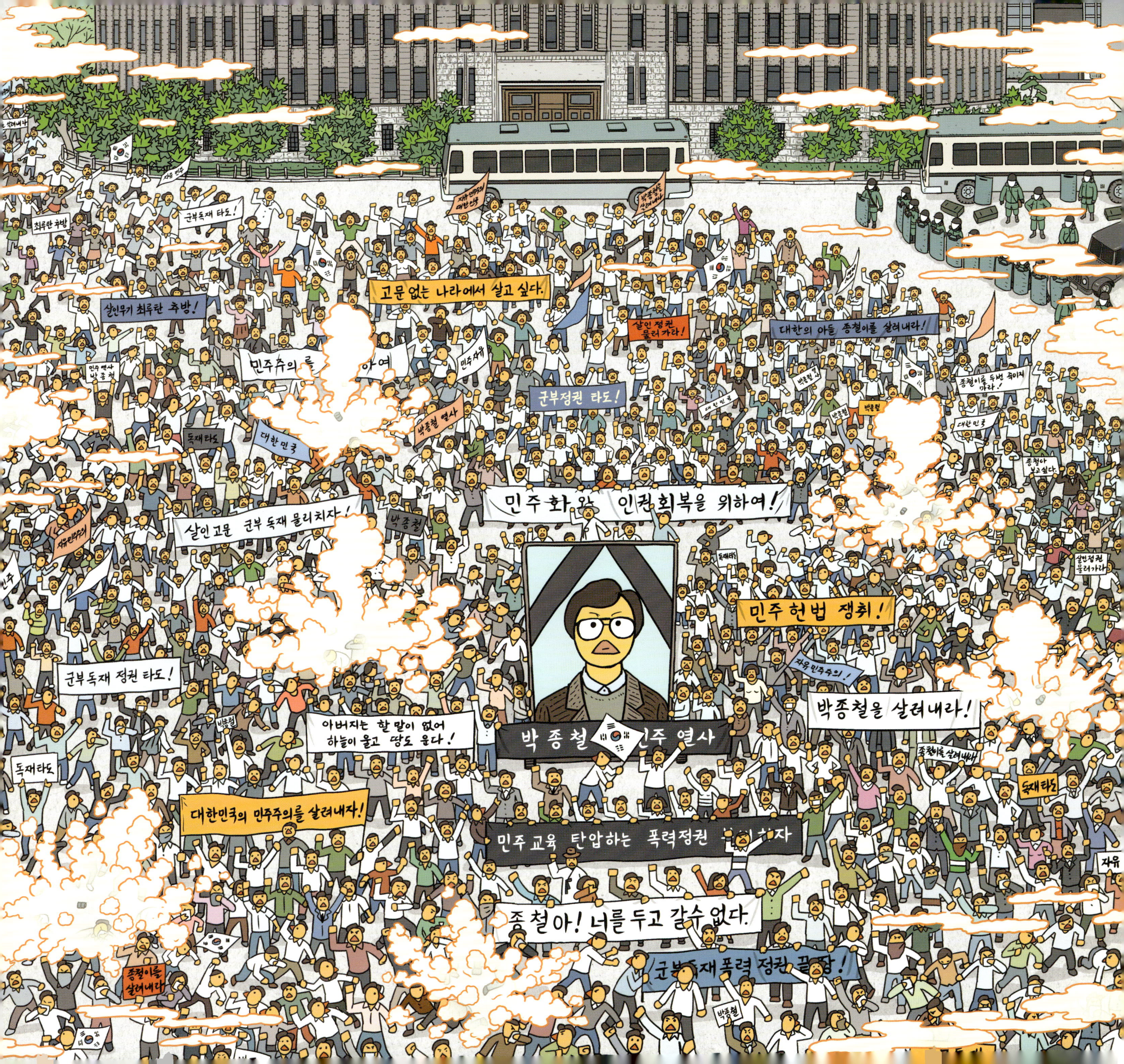

고문 없는 나라에서 살고 싶다.
살인무기 최루탄 추방!
군부독재 타도!
살인 정권 물러가라!
대한의 아들 종철이를 살려내라!
군부정권 타도!
대한민국
독재타도
박종철 열사
민주화와 인권회복을 위하여!
살인고문 군부 독재 물리치자!
박종철
민주 헌법 쟁취!
군부독재 정권 타도!
박종철을 살려내라!
아버지는 할 말이 없어
하늘이 울고 땅도 운다!
박종철 민주 열사
독재타도
대한민국의 민주주의를 살려내자!
독재 타도
민주교육 탄압하는 폭력정권
종철아! 너를 두고 갈수 없다.
종철이를 살려내라
자유

6월 민주 항쟁의 함성이 광장을 가득 메웠어요.

1987년 6월, 시청 앞 광장(훗날 서울 광장)

박종철 군이 경찰의 고문으로 죽자, 시민들은 '호헌 철폐'와 '독재 타도'를 뜨겁게 외치며 광장으로 나왔어요. 시위 도중 대학생이었던 이한열 군이 최루탄 파편에 맞아 중태에 빠졌고, 분노한 시민들은 더 크게 '민주주의 수호'를 부르짖었어요. 결국 독재 정권이 항복하고, 6·29 선언을 통해 대통령 직선제로 개헌을 이루어 냈어요.

SEOUL
WELCOMES
THE WORLD
대~한민국
꿈★은 이루어진다
2002

"파이팅! 대~한 민 국!"
2002년 한·일 월드컵

2002년 6월, 시청 앞 광장(훗날 서울 광장)

월드컵은 전 세계인들이 즐기는 축구 축제예요. 2002년에는 한국과 일본에서 공동으로 열렸어요. 한국 팀을 응원하는 수백만의 군중이 붉은 옷을 입고 '붉은 악마'가 되어 광장으로 모여들었어요. 광장은 흥겹고 거대한 함성으로 가득 찼어요. 온 국민이 한목소리로 '오! 필승 코리아'를 부르고, '대~한 민 국'을 외치며 뜨겁게 응원했어요. 이 대회에서 한국은 사상 처음으로 4강 진출이라는 역대 최고의 성적을 기록했어요.

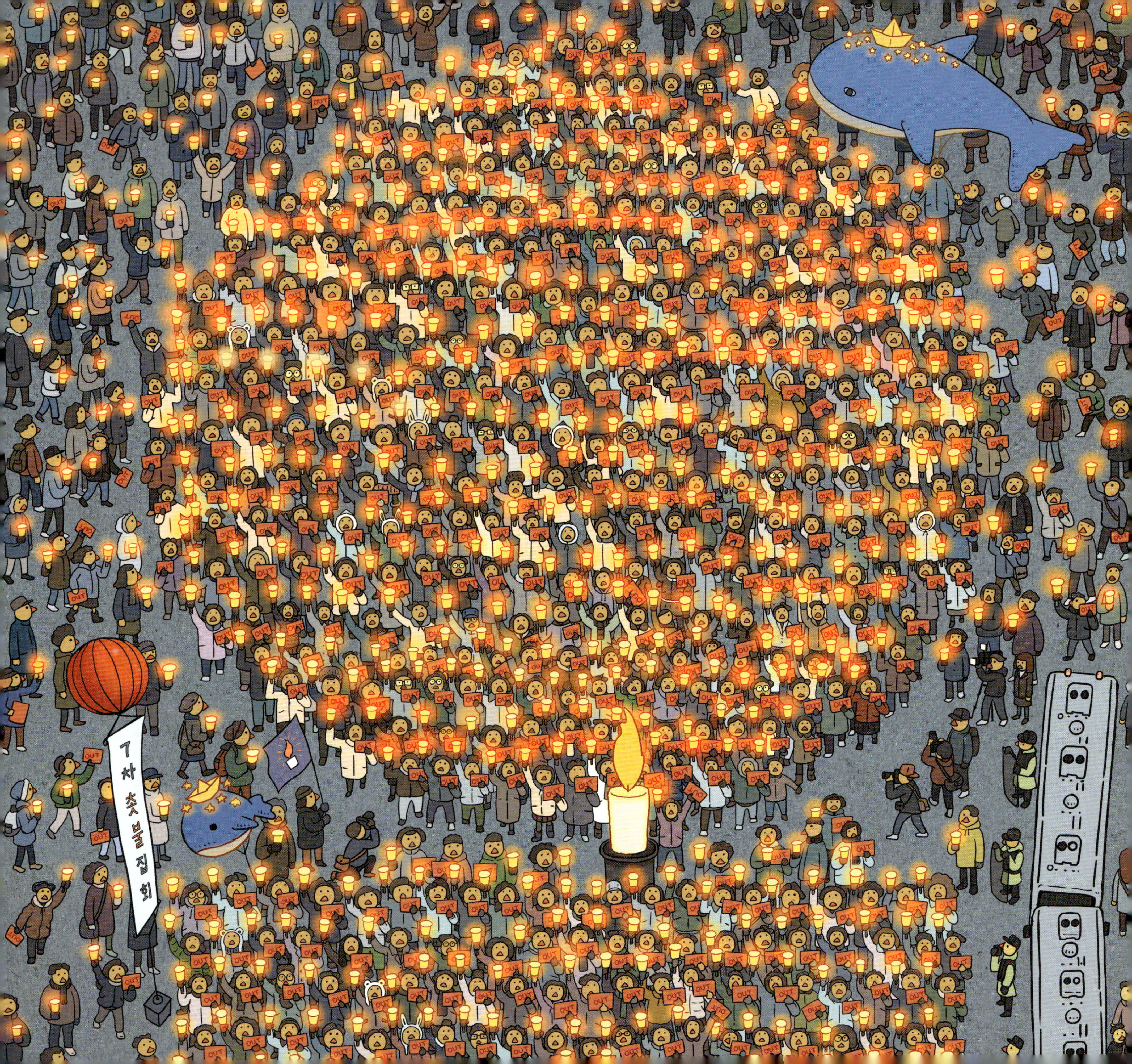
7차 촛불집회
OUT

"국민이 주인이다!" 작은 촛불이 이룬 커다란 기적

2016년 10월~2017년 3월, 광화문 광장

2014년 4월 16일, 학생들을 태운 배가 바다로 침몰했고, 수많은 이들이 목숨을 잃었어요. 이를 계기로 박근혜 대통령이 정치를 잘못한 것이 밝혀졌고, 이에 분노한 국민들이 광장으로 모여들었어요.

국민들은 너도나도 촛불을 들기 시작했어요. 전국적으로 일어난 대규모의 집회였지만, 평화적이고 질서 정연하게 이뤄졌어요.

결국 촛불 혁명으로 박근혜 대통령은 탄핵되어 물러났어요.

1 김자유
1 김자유
기호 1
대한민국
우리 일 꾼
2 이평등
2 이평등
기호 2
청 년 정 치
3 송행복
3 송행복
기호 3

선거는 정정당당하게,
투표는 내 손으로 직접 해요.

서울 광장

선거를 앞두고 광장 곳곳에서 후보들이 각자의 정책과 공약을 내걸고 힘차게 연설해요. 시민들은 자기가 지지하는 후보의 연설을 들으며 뜨겁게 응원하고 호응하지요. 또 궁금한 후보들의 연설에도 귀를 기울여요. 시민들은 자신이 지지하는 후보의 색깔 옷을 입기도 하고, 그 색깔의 풍선과 작은 손 팻말을 들거나, 흥겨운 춤을 추며 직접 선거 운동에 참여하기도 해요.

光化門
노동조합
노동부는 각성하라!
투쟁
총단결 투쟁
노동조합
생존권을 보장하라!
투쟁
대동단결
총파업
총파업
노동부는 각성하라!
총단결 투쟁!
임금체불 사업자 구속
노동조합
말뿐인 노동정책, 생존권 보장하라!
단결 투쟁
노동부는 각성하라
노동조합
노동부는 각성하라
총파업
총파업 투쟁
노동부는 노동인권 책임져라!
인권보장
성소수자 여기있다
성소수자 인권보장
세종대왕
성소수자 인권법 보장!

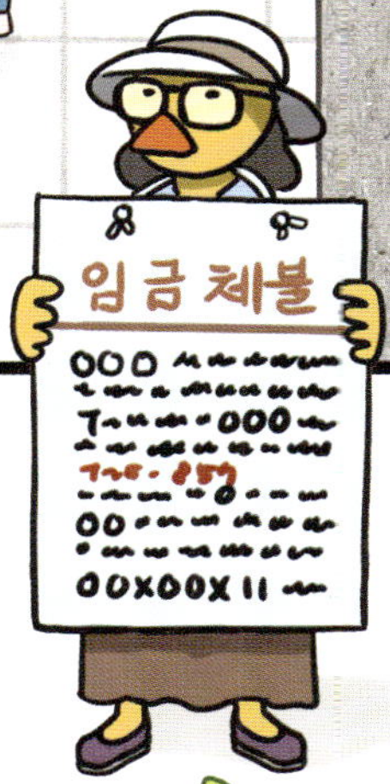

"제 이야기 좀 들어 주세요!"
누구나 자신의 목소리를 낼 수 있어요.

함께 뜻을 모은 시민들이 광장에 모였어요. 각자 저마다의 절실한 마음을 담아 피켓이나 현수막을 들고 집회를 열고 있어요. 시민들은 자유롭게 자기 뜻을 표현하고, 광장을 지나는 시민들은 자연스럽게 그들의 이야기에 귀를 기울여요. 여러 명이 모인 단체 집회도 있고, 홀로 피켓을 들고 1인 시위를 하는 사람도 있어요.

광화문 광장

화려한 조명과 음악,
신나는 놀이로 가득한
광장으로 놀러 오세요.

연말이 되자, 광장에 불빛 찬란한 대형 크리스마스트리가 세워지고 광장은 얼음으로 뒤덮인 스케이트장이 되었어요. 스케이트장은 사람들의 즐거운 환호성과 웅성거림으로 가득했어요. 시민들은 야외 음악회에서 들려오는 음악 소리에 맞춰 흥겹게 어깨춤을 추며, 반짝이는 거리의 네온사인과 트리의 아름다운 불빛 속에서 연말의 분위기를 만끽했어요.

서울 광장

너와 나, 우리가 서로 소통할 수 있는 곳, 그곳이 바로 광장!

우리 집 거실

우리가 사는 집에도 광장이 있어요.
바로 거실이에요. 거실은 가족이 만나는 공간이고,
서로 의견을 나누고 이야기할 수 있는 가장 작은 광장이랍니다.
거실에서 가족회의도 하고, 맛있는 음식을 먹으며
작은 파티도 할 수 있지요.

광장에 서다!

광장의 시작

2,500여 년 전 고대 그리스 사람들은 '아고라'라는 공간에 모여 토론하고 집회를 했어요. 이것이 광장 문화의 시작이에요. 아고라는 본래 시민들의 집회를 뜻하는 단어였는데, 집회가 열리는 장소로서의 의미가 덧붙여졌지요. 로마 시대에는 '포럼'이 아고라의 역할을 했어요. 포럼은 고대 로마의 광장을 일컫는 말로, 공개 토론회를 뜻해요.

그리스 민주주의는 시민들과 귀족들 사이의 갈등과 투쟁을 통해 조금씩 발전되었어요. 귀족들은 절대적인 권력을 행사했던 왕정을 물리치고 새로운 정치 체제를 만들었지만, 그들 또한 시민들에게 억압적인 권력을 행사했어요. 시민들은 아고라에서의 대화나 토론, 시위 등을 통해 권력에 대해 저항했어요. 이처럼 아고라는 민주주의의 초석이 된 공간이었어요.

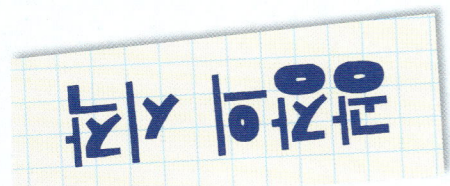

광장으로서 마당의 역할

우리나라에서는 '마당'이 광장의 역할을 했어요. 마을의 공터 마당, 장터 마당, 대갓집의 넓은 앞마당 등 사람들이 모이는 공간인 마당에서는 문화적이고 사회적인 다양한 삶의 행위들이 펼쳐졌어요. 우리의 전통 예술인 탈춤과 풍물, 판소리와 남사당놀이는 백성들과 함께 어울리던 마당의 예술이었고, 마당의 놀이였지요.

장터에서 열린 씨름판을 구경하는 사람들
ⓒ국립중앙박물관 소장품

백성들은 마당에서 펼치는 '마당놀이'나 가면을 쓰고 벌이는 '탈춤' 등을 통해 억압된 심정을 토해 냈어요. 또 양반들의 수탈과 억압에 분노한 백성들이 모여 학정과 비리를 성토한 곳도, 횃불을 들고 떼를 지어 관아로 행진을 시작한 곳도 바로 마당이었지요.

이렇듯 마당은 백성들의 삶의 공간이며 축제의 공간이었고, 대화와 토론의 공간이면서 저항과 혁명의 공간이었어요.

광장과 민주주의

'광장'은 사전적인 의미로 '많은 사람들이 모일 수 있는 넓은 빈터'를 뜻해요. 사람들은 넓은 공간에 자연스럽게 삼삼오오 모였고, 한목소리로 뜻을 모으기도 하고, 때때로 서로 다른 의견으로 치열하게 다투고 화해하며 토론하기도 했어요.

민주주의는 국민이 국가의 주인으로서 자유롭게 정치에 참여하는 것을 기본으로 하는 국가 시스템이에요. 많은 사람들이 다양한 의견을 자유롭게 나누어 사회적 합의를 이루어 내는 역할을 하는 공간이었던 광장에서 민주주의의 토대가 마련되었지요. 이 때문에 광장과 민주주의는 떼려야 뗄 수 없는 관계입니다. 대한민국은 민주주의 역사가 짧고, 다소 긴 시간 국민으로서 자유와 권리를 제대로 행사하지 못해 왔어요. 때문에 민주 시민으로서 충분한 교육을 받을 기회도 많지 않았어요. 하지만 우리 국민은 독재 권력의 서슬 퍼런 그늘이 드리울 때마다 멈추지 않고 분연하게 일어나 새로운 역사를 만들어 나갔고, 그 모든 순간에 광장이 우리와 함께했습니다.

서울 광장과 광화문 광장은 대한민국의 대표적인 광장이자, 우리 국민들이 나라와 역사의 주인으로서 역할을 할 수 있게 해 준 중요한 무대예요. 우리는 이곳에서 잃어버린 나라를 찾기 위해 싸웠고, 권력에 맞서 싸우기도 했고, 함께 노래 부르고 소리치며 축제를 즐기기도 했지요. 이처럼 광장은 시민들에게 정치적, 문화적 탈출구였지요. 광장의 역사가 대한민국의 근현대 역사라고 해도 과언이 아닌 이유이기도 합니다.

진정한 시민의 광장

광장의 주인은 한 사람 한 사람의 시민입니다. 광장의 주인이 시민이 아닌 통치자나 권력자로 바뀌면 광장은 본래의 기능을 잃고, 시민들을 억압하고 선동하는 무시무시한 공간으로 변해 버립니다. 그때마다 시민들은 자유를 빼앗겼고, 민주주의는 후퇴했고, 시대는 암울했지요. 때문에 광장의 주인으로서 우리가 광장을 지키는 일은 곧 우리 자신과 민주주의를 지키는 일이기도 합니다.

광장은 누구나 모여 저마다 다른 생각을 자유롭게 말할 수 있어야 하고, 다른 사람의 소리에 귀를 기울일 수 있어야 합니다. 또, 언제나 찾아가 편안한 휴식을 취하고, 다양한 문화를 만들어 가는 곳이어야 하지요. 2016년 서울 광장과 광화문 광장에 빼곡하게 채운 수많은 사람들이 작은 촛불을 밝히고 평화롭게 행진하는 모습은 전 세계 사람들을 또 한 번 놀라게 했습니다. 이를 통해 우리는 민주 시민으로서 한층 성숙했고, 광장과 광장 문화에 새로운 역사를 만들었습니다. 앞으로도 우리는 광장에 모여 울고 웃고 소리치며 새로운 역사를 만들어 가게 될 것입니다.

우리나라의 대표적인 광장 ❶

서울 광장

환구단 ⓒ 국립고궁박물관 소장

서울 광장에는 우리나라 지난 100여 년간의 역사가 살아 숨 쉬고 있어요. 서울 도심 한가운데에 자리한 서울 광장은 3·1 운동(1919), 4·19 혁명(1960), 6월 민주 항쟁(1987) 등 한국 근현대사를 관통한 역사적 사건의 주 무대였으며, 2002년 한·일 월드컵 기간에는 백만여 명의 시민이 한데 모여 승리를 염원하는 축제의 마당이자 거리 응원의 성지로 전 세계의 주목을 받았어요.

서울 광장의 역사는 고종이 러시아 공사관으로 거처를 옮겼다가 경운궁(덕수궁)으로 돌아온 1897년부터 시작돼요. 강대국의 간섭과 억압에도 끝까지 나라를 포기할 수 없었던 고종은 근대화된 나라로서 대한 제국을 선포하며 제1대 황제가 되었어요. 황제에 즉위한 고종은 나라의 기틀을 새롭게 하기 위해 경운궁 대안문 앞을 중심으로 하는 방사선형 도로를 닦고 앞쪽에는 광장과 환구단을 설치했어요.

1919년 고종 황제 훙거 발표 당일 덕수궁 대한문 앞 ⓒ 서울역사박물관

1945년 무렵 시청 앞 광장 ⓒ 서울역사박물관

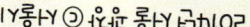

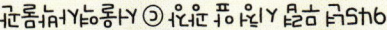

2014년 서울 광장 ⓒ 서울시

이때부터 이 광장은 고종 퇴위 반대 시위, 고종의 국장, 독립운동, 전쟁, 혁명, 독재와 민주화에 이르기까지 근현대사의 굵직한 사건들을 겪어 내며, 보다 나은 세상을 꿈꾸며 싸워 왔던 많은 시민들과 늘 함께해 왔어요.

서울 광장은 1899년부터 1906년까지는 '대안문 앞 광장'으로 불렸고, '대안문'의 명칭이 '대한문'으로 바뀌면서 '대한문 앞 광장'으로, 2004년 지금의 모습으로 바뀌기 전에는 '시청 앞 광장'이라 불렸어요.

서울 광장은 스포츠 행사의 상징이기도 해요. 1988년 서울 올림픽 성화가 광장을 환하게 밝혔고, 2002년 한·일 월드컵은 국민들에게 꿈과 희망을 심어 주었지요. 2004년 5월 1일, '서울 광장'이란 이름으로 공식 개장했으며 이때 잔디가 깔리고, 시민을 위한 도심 광장으로 탈바꿈했어요.

서울 광장은 연중 문화 공연, 축제, 장터 등 다양한 행사가 열리는 곳이에요. 광장 한쪽에 분수대가 설치되어 있어 여름이면 시원한 놀이 공간이 되고, 겨울에는 스케이트장이 설치되어 즐거운 체험도 할 수 있지요. 이처럼 서울 광장은 시민들의 다양한 문화적 욕구와 휴식을 충족시키는 문화와 축제의 공간으로 그 역할을 톡톡히 해내고 있답니다.

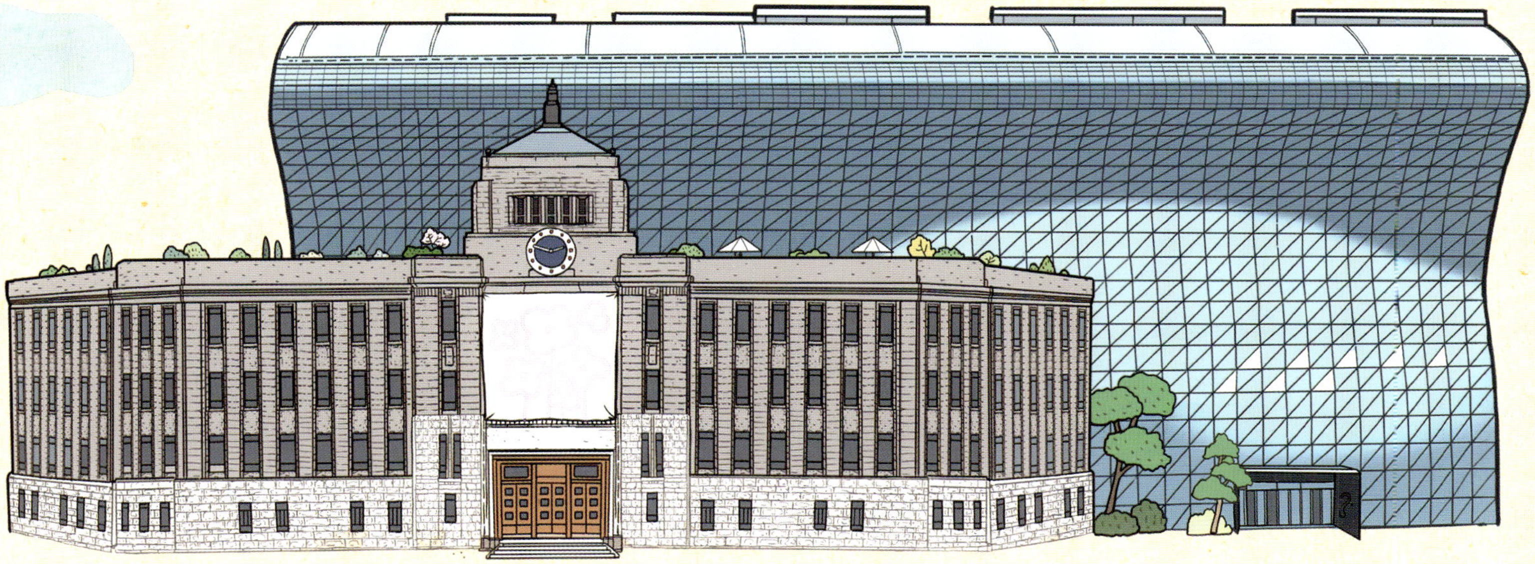

우리나라의 대표적인 광장 ❷

광화문 광장

대한 제국 때의 광화문 © 서울역사박물관

광화문 앞에 자리한 광화문 광장은 긴 역사를 지닌 서울의 중심 거리인 세종로에 있어요.

광화문 앞길은 경복궁으로 출입하는 통로이자 국가의 가장 큰 길이었어요. 육조 거리라는 이름에 걸맞게 양편으로 국가의 주요 기관들이 자리 잡고 있었어요.

1926년 조선 총독부 청사 © 서울역사박물관

광화문은 지금의 자리에 서 있기까지 수많은 수난을 겪어야만 했어요. 강제 병합 이후 일제는 식민 통치의 위엄을 과시하기 위해 경복궁 내, 그것도 근정전 앞에 조선 총독부를 세우고, 광화문을 경복궁 동쪽으로 옮겼어요. 한국 전쟁 때는 경복궁의 문루와 현판이 소실되기도 했어요.

이후 조선 총독부 건물은 미군정 시대에 중앙청으로 쓰였어요. 이곳에서 1948년 8월 대한민국 정부 수립 선포식이 거행되었고, 1950년 9월에는 서울 수복 기념식이 열렸지요. 1986년부터는 국립중앙박물관으로 사용되었어요.

1993년 국민이 수립한 문민정부가 들어서면서 광화문에도 커다란 변화가 일어났어요. 정부의 '역사 바로 세우기 사업'의 일환으로 마침내 1995년 조선 총독부 건물이 70여 년 만에 철거됐어요. 서울 한복판, 궁궐 안에 자리 잡고 있던 일제의 잔재가 그제야 사라지게 된 거예요.

광화문 광장

일제 강점기, 미군정 시대, 대한민국 정부 수립, 전쟁과 복구, 독재와 시민 혁명 등 근현대사를 건너오면서 광화문 앞 풍경도 달라졌지만, 사람들은 여전히 광화문 앞을 찾았어요.

광화문은 2006년에 고종 때의 모습으로 복원되기 시작해 2010년에 완공되었어요.

3·1 운동, 4·19 혁명, 6월 민주 항쟁, 촛불 혁명까지 광장의 역사는 이어져 오고 있어요. 광화문 광장은 집회와 시위, 크고 작은 시민 활동을 통해 메시지를 전달하고 서로 소통하는 마당이 되었어요.

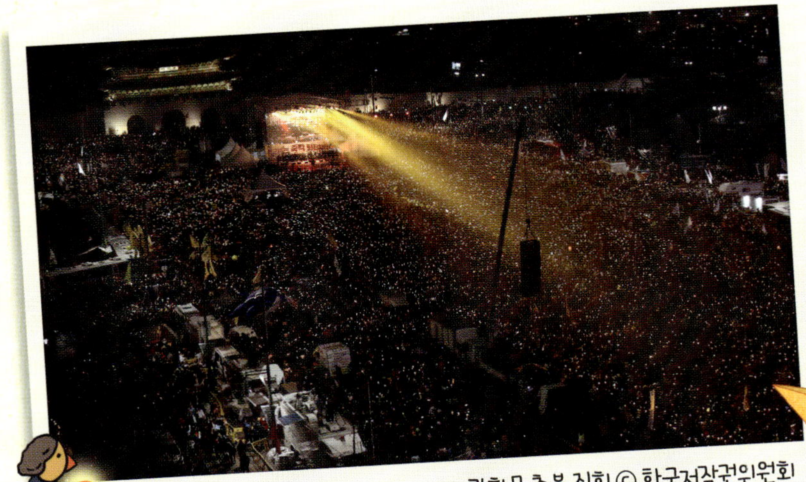
광화문 촛불 집회 © 한국저작권위원회

작가의 말

광장을 지날 때면 저는 늘 가슴이 뜁니다.

김명희 글 작가

광장을 지날 때마다 저는 늘 가슴이 뜁니다. 한 · 일 월드컵 때의 뜨거운 함성이 생생히 들리는 듯하고, 촛불 집회 때의 간절함이 다시금 느껴지기 때문이에요. 세계가 우리의 열정과 단합된 힘에 놀라고, 우리 국민의 성숙된 질서 의식에 감탄했지요. 우리나라 근현대 역사에서 광장은 우리의 민주주의 역사와 늘 함께해 왔고 지금도 그 몫을 충실히 해내고 있습니다. 온전한 민주주의를 위해 싸워 온 값진 시간들이 쌓여 언제든 제 목소리를 낼 수 있고 때로는 쉼터가 되어 주기도 하는 현재의 광장에 이르렀어요.

광장은 비어 있는 열린 공간이며, 광장의 주인인 국민이 개인적 혹은 집단으로 의견을 표현할 수 있는 곳이에요. 무시무시한 탄압과 압박에도 결코 무릎 꿇지 않고 더 뜨겁게 타오른 국민의 열정과 의지, 하나된 힘으로 이루어 낸 소중한 열매들이 대한민국 민주주의의 눈부신 발전을 보여 주고 있어요.

이 책에는 광장과 함께해 온 우리나라 근현대 역사가 생생히 담겨 있답니다. 국민의 고귀한 피와 땀으로 이루어 낸 이러한 역사적 걸음걸음이 있기에, 우리는 광장과 더불어 희망찬 내일을 향해 발전해 나아갈 거예요.

우리와 가장 가까운 곳에도 작은 광장이 있어요. 바로 우리 집 거실이지요. 우리가 태어나 만나는 첫 번째 사회가 가정이고, 여기에서 민주 시민의 자질을 가장 먼저 배우기 때문이에요. 이 작은 광장에 더 자주 모여, 가족들이 서로 편안하고 자유롭게 의견을 나눌 수 있기를 바랍니다. 앞으로 더 많은 광장이 생겨, 국민 누구나 여유로이 머무를 수 있으면 좋겠습니다.

광장에 모인 사람들의 목소리가 들리나요?

백대승 그림 작가

원고를 받고 한동안 그림이 그려지지 않았습니다. 서울 광장도 찾아가 보고, 광화문 광장도 가 보았지만 막막한 건 마찬가지였습니다. 이 공간을 어떻게 그림 속에 담아내야 할지, 막연함뿐이었습니다.

카메라를 들고 여기저기 돌아다니며 사진을 찍어 봤습니다. 그때 내 발걸음을 멈추게 한 것은 서울 광장에 날아든 몇 마리의 비둘기였습니다. 그것을 보자 문득 광장을 숲이라고 생각하고 싶어졌어요. 광장을 둘러싸고 있는 빌딩이 숲이고, 그 속에서 사는 사람들은 새들이라고 말이지요. 숲에서 여러 동식물들이 한데 어우러져 살아가는 것처럼 우리들도 이 빌딩 숲 속의 광장에서 서로 어우러져 살아가고 있는 것 아닐까 하고요.

다 함께 잘 살아가는 것, 이를 위해서 많은 사람들이 이 광장에 모인다고 생각했습니다. 그래서 사람을 새들로 표현하고, 이곳에 모이곤 했던 많은 사람들을 이 자리에서 수백 년도 더 넘게 있었을 오래된 은행나무가 보았을 것이라 생각했습니다.

여기까지 생각이 정리가 되니 마음이 한결 가벼워졌습니다. 광장의 비둘기에게 고마움을 전하고, 광장에서 떠올린 생각을 가져와 그림을 그리기 시작했습니다. 편집자님의 많은 아이디어 덕분에 흔들리던 작품의 틀도 하나둘 잡혀 나갔습니다.

그림을 그리면서 다소 어려웠던 점은 환구단을 그릴 때였습니다. 현재 남은 환구단의 모습과 복원된 환구단의 모습이 다소 달랐거든요. 그래서 사진 속 환구단과 복원도의 그림을 추정해 그렸습니다. 또 하나 꼽자면 서울 시청 자리에 있던 경성부 청사입니다. 이 건물은 일본 공사관용으로 지어진 것으로 대한 제국 선포 1년 전인 1896년 12월에 세워졌습니다. 고종 황제가 이 건물을 지나면서 많은 생각을 했을 거라 생각해 흐릿한 흑백 사진을 참조해 그려 넣었습니다. 이 책에 그려진 그림 한 장 한 장은 살아 있는 광장을 표현하는 데 중점을 두었습니다.

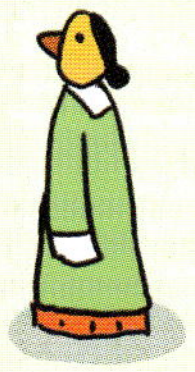

혹시 지금 광장에 모인 사람들의 목소리가 들리나요? 만약 그렇다면 여러분도 역사의 한 장면에 같이 서 있는 겁니다. 아픈 역사 속에서는 같이 아파하고, 2002년 한 · 일 월드컵 때처럼 기쁠 때는 같이 함성을 질러 주세요. 그리고 각 장면마다 한결같이 서 있는 은행나무를 찾는 재미도 느껴 보세요.

앞으로도 다 함께 어우러져 같이 잘 살아가는 우리의 광장을 만들어 봐요.